IL M'AIMAIT

DU MÊME AUTEUR

LA DROGUE EXPLIQUÉE AUX PARENTS, Balland, 1988.
L'ÈRE DU VITE, Balland, 1992.

CHRISTOPHE TISON

IL M'AIMAIT

BERNARD GRASSET
PARIS

*Pour Marie, que j'attendais
depuis toujours.*

Pour mon petit frère

AVANT-PROPOS

Cette photo sur la couverture, c'est moi. Je dois avoir dix ou onze ans. Peut-être douze. Je ne me souviens plus très bien. En revanche, j'ai un souvenir très précis de la séance de pose. Elle a eu lieu dans la maison de Didier, à la campagne, en pleine après-midi, c'était un mercredi et je n'avais pas école. Hormis cette casquette, je porte encore mon jean. Sur d'autres photos de la même série, je suis nu sur un fauteuil devant un drap tendu entre deux poutres. Il en existe d'autres où je suis debout, nu toujours, avec masquant mon sexe, un livre de nouvelles intitulé *Histoires à faire peur*. Je me souviens que ces clichés faisaient beaucoup rire Didier. Des *Histoires à faire peur*, en effet. La peur que je ressentais alors…

1

Quand il eut fini, il prit ma main et la posa sur son sexe. Il était énorme et trempé. Mes doigts en faisaient à peine le tour et dans ma naïveté d'enfant, je crus qu'il s'était fait pipi dessus. De la pisse ! C'était dégueulasse. Moi aussi, j'avais cru un instant lui avoir fait pipi dans la bouche lorsqu'il m'avait sucé le zizi et qu'il était devenu tout raide. Mais c'était autre chose. Une sorte d'excitation et de joie que je ne connaissais pas qui avait empli tout mon corps.

Nous étions sous la tente, la nuit était tiède et mon petit frère dormait profondément à côté de nous. Ou alors il faisait semblant. Tout à l'heure, Didier avait descendu la fermeture Eclair de mon sac de couchage et avait commencé à me caresser. Il me disait « Chut, ne fais pas de bruit. Laisse-moi voir ce que tu as là. Est-ce que tu te touches tout seul la nuit ? Hein ? Tu le touches ton zizi dans ton lit, le soir ? » Je ne savais pas pourquoi il faisait ça et je n'avais rien osé dire. La nuit était noire et tout s'était déroulé dans le plus grand silence. Il m'avait entraîné sur lui, puis sous lui, il était lourd. Très lourd. J'étouffais parfois mais je ne parlais pas. Même lorsqu'à la fin j'eus mal, je n'ai rien dit, comme si j'avais déjà compris que tout cela devait rester secret. *(Cette chose qui n'avait pas de nom.)*

Je ne sais plus pourquoi Didier nous avait rejoints ici, dans ce camping de Verdun-sur-le-Doubs où j'étais venu seul avec mon frère pour pêcher. Ç'avait été une belle balade à vélo depuis Beaune. Le ciel était d'un bleu profond, le soleil écrasait les champs, et dans les vignes alentour nous allions chaparder des pêches minuscules dont le jus épais nous coulait jusqu'aux coudes. J'adorais Didier. Il était arrivé un matin à Verdun avec des cannes à pêche plus modernes que les nôtres et nous étions allés acheter ensemble de l'appât pour prendre plus facilement les poissons. Il nous avait appris comment équiper nos lignes et le soir, nous avions fait un feu dans son barbecue pour griller nos prises. J'étais heureux. Il faut dire que je commençais à avoir peur la nuit avec mon petit frère, même si le propriétaire du camping venait souvent nous voir et nous avait placés tout près de sa maison. Didier débarquait à point pour me rassurer. Il était drôle, il était toujours enjoué et se comportait comme si nous étions des adultes. Il ne nous parlait jamais comme on parle à des enfants et riait avec nous de nos blagues et de nos trouvailles. C'était un grand qui était demeuré enfant avec, en prime, tout ce que pouvaient s'autoriser les grands. A travers lui, nous avions accès à une partie du monde immense et merveilleux des adultes.

Le lendemain matin, je ne dis rien. Didier non plus. Pas un mot de ce qui s'était passé dans la nuit. Nous bûmes notre chocolat et discutâmes en riant du programme de la journée comme si rien n'avait eu lieu. Je ne pensai pas un instant que ça pouvait recommencer. Je ne me posais même pas la question, comme si tout cela s'était effacé, comme si ça n'avait été qu'un jeu et que ce jeu était fini. Toute la journée, je fus absorbé par le flotteur de ma canne à pêche et par les poissons brillants que je sortais de la rivière en hurlant de joie. Parmi l'herbe et les joncs qui

brûlaient au soleil, les choses étaient redeve-
nues comme avant, heureuses et bon enfant.
Didier était à nouveau là pour veiller sur nous
et nous faire rire. *(Ce qu'il faisait à la per-
fection.)*

La chose sans nom a recommencé la nuit suivante puis celle d'après et encore d'après. Petit à petit, j'ai commencé à me taire bien avant qu'on éteigne la lampe tempête. Une sorte de tristesse et d'appréhension m'envahissait quand nous dînions ensemble. Le poisson que nous avions pêché avec tant de bonheur et d'insouciance dans la journée n'avait plus ce goût de joie, de liberté et d'indépendance qu'il avait avant. Je ne m'endormais plus comme les premières nuits, lorsqu'il était encore obligé de me réveiller en faisant glisser la fermeture de mon duvet. Un joli duvet bleu que m'avait acheté maman exprès pour cette partie de camping que nous avions préparée dans l'excitation et les sautillements. Maman me semblait loin. J'attendais dans la nuit, j'attendais dans une sorte de stupeur. Je me demandais juste ce qu'il me voulait.

Le pire est que Didier était le même dans la nuit et dans la journée. Toujours aussi protecteur et sympathique. Je ne parvenais pas à lui en vouloir et je ne comprenais rien. Rien, sauf qu'il ne fallait pas en parler et qu'à force de sucer mon zizi tout raide dans sa bouche comme une tétine, il allait me faire ressentir un drôle de plaisir, un plaisir inconnu. Et puis il allait souffler de plus en plus fort en prenant ma bouche, et encore une fois j'allais avoir mal. Tout s'équilibrait et ça semblait normal. Je payais mon plaisir d'une douleur. Le lendemain, les hirondelles frôleraient la rivière comme des petits bonbons à la réglisse dans un scintillement d'argent. Les pêcheurs du coin nous salueraient gentiment et nous parleraient comme d'habitude, comme s'il était normal qu'un homme se promène toute la journée avec deux enfants qui n'étaient pas les siens. Même le patron du camping nous ferait de grands sourires complices. *(Je compris que j'étais définitivement seul.)*

Je ne savais pas pourquoi j'allais chez lui ce soir-là. Nous étions rentrés à Beaune et j'avais retrouvé maman avec soulagement. Pourtant, je me dirigeais à nouveau vers l'appartement de Didier, à quelques rues de chez moi. Les pavés étaient luisants, il avait plu, et le bruit de mes bottes résonnait contre les murs des maisons aux volets déjà clos. La ville était fermée et noire, aussi noire que mon cœur qui battait à reculons. Un vent glacé soufflait du fond des rues.

J'y allais peut-être parce qu'en rentrant de l'école il n'y avait personne à la maison, parce que le grand appartement que louait ma mère était sombre et silencieux. Peut-être parce que mon frère était allé jouer avec ses amis, parce que maman travaillait au théâtre à cette époque-là. J'y allais peut-être parce que j'étais seul. Mais la vérité, c'est qu'au fond, je n'avais aucune idée de la raison qui me poussait à aller chez Didier alors que je savais parfaitement ce qui allait m'arriver. Ce que je sais, c'est qu'il me téléphonait et me promettait des gâteaux, qu'il m'achetait des bandes dessinées, des Club des Cinq, des Fantômette, et me disait que je n'avais qu'à venir les lire chez lui. J'avais l'impression qu'il était le seul être au monde qui se préoccupait de moi et j'y courais plein de joie et la mort dans l'âme.

Fantômette, Fantômette où es-tu ? J'ai peur…

Ce n'était pas la première fois que j'allais chez lui depuis que nous étions rentrés de Verdun-sur-le-Doubs au printemps dernier.

Chez mes grands-parents, à la campagne près de Rouen, j'avais vu mourir l'été dans un dernier et gigantesque coup de cymbales. D'aussi loin que portait le regard autour de la maison, les champs vibraient au soleil, leurs pentes douces étaient dorées comme du cuivre martelé et parsemées d'énormes bottes de foin. Le soir, nous entendions les moissonneuses-batteuses rentrer à la nuit tombée après avoir battu les blés tout le jour comme mon frère et moi.

Ce fut une parenthèse de bonheur, de cavalcades et de liberté. La dernière de mon enfance. Et puis les premières pluies étaient venues. J'avais repris l'école sous un préau sombre. Je n'y comptais aucun ami. Je les avais délaissés et ils s'étaient éloignés de moi. Aujourd'hui, les jours raccourcissaient et la pluie tombait sans discontinuer sur cette petite ville où nous venions de nous installer et que je ne connaissais pas encore. A l'époque, Beaune n'était pas le petit bourg souriant pour touristes qu'il est aujourd'hui. C'était une ville sombre aux façades noires et aux rues tortueuses. J'étais souvent trempé quand je tournais au coin de sa rue et que j'appuyais sur la sonnette. Didier m'accueillait comme si j'étais l'enfant-roi, il séchait mes cheveux et m'installait confortablement sur son canapé-lit au milieu des coussins. A chaque fois, j'oubliais un instant le scénario. Il était invariable : je mangeais mes gâteaux, je commençais à lire à demi allongé en regardant vaguement la télé, et il me déshabillait.

En arrivant, pourtant, j'étais heureux. L'ambiance était gaie et joyeuse, celle d'un goûter d'enfant. Puis venait le moment insupportable où il fallait que je paye. Non, vraiment, je ne savais pas pourquoi je venais ici. Je me promettais chaque soir que je n'y retournerais pas le lendemain. Et chaque lendemain j'y retournais. Chaque soir après l'école, j'étais un petit taureau qui descendait dans cette arène sombre où la parole n'est plus. *(Un petit taureau qui va seul au combat dans l'automne et dans la nuit.)*

Peut-être était-il mon père ? Je veux dire,
mon nouveau père. En tout cas, il dînait souvent à la maison avec maman et les amis du
théâtre qui étaient là presque chaque soir.
J'avais cru un moment qu'il était le nouvel
amant de ma mère et puis non, ce n'était pas
ça. C'était seulement un ami plus choisi que
les autres qui faisait rire tout le monde à table
lors des grands dîners qu'organisait ma mère.
Il travaillait lui aussi au théâtre avec papa et
maman. Mais depuis que mon père était parti,
il s'invitait désormais presque tous les jours.
Et chaque jour, il avançait moins masqué. Il
disait à qui voulait l'entendre qu'il aimait les
enfants. Que les enfants étaient formidables.
On lui répondait que, merci bien, il n'avait
qu'à s'en occuper. Et c'est ce qu'il faisait. Je ne
saisissais pas pourquoi personne ne compre-

nait ce qu'il disait. Comment personne ne soupçonnait un instant que ce qu'il racontait était à double sens ? Que c'était vrai qu'il aimait les enfants ? Plus que vrai ? Sans doute, personne ne faisait attention à cette blague parmi d'autres, à cette phrase lancée sur le ton de la plaisanterie.

Pour joindre le geste à la parole, il venait nous embrasser dans notre chambre afin de nous dire bonne nuit et glissait longuement la main sous les draps. *(Je n'étais plus nulle part en sécurité.)*

Nous roulions en traction avant et j'étais
fier de monter dans ces vieilles voitures dé-
glinguées, que j'imaginais être celles d'Al
Capone ou de la bande à Bonnot, quand un
ami de maman venait me chercher à la sortie
de l'école. Nous avions presque tous à l'époque les cheveux longs qui flottaient dans le
vent alors que nous traversions cette petite
ville bourgeoise bien mise et bien peignée. Les
gens nous regardaient de travers, et se demandaient ce que ces étrangers faisaient toujours
ensemble. Cela faisait peu de temps que le
théâtre était installé à Beaune quand mon
père était parti de la maison, et dans le vide
qu'il avait laissé derrière lui, la maison s'était
emplie de techniciens et de comédiens que
maman hébergeait gratuitement ou pour trois
sous. A midi, les tractions filaient vers ce que

tout le monde ici appelait la Montagne, une simple colline qui surplombait la ville et sur laquelle poussent les vignes qui donnent les grands crus de Bourgogne. Là-haut habitait Dac qui nous accueillait avec ses salades de pâtes et ses chiens à moitié sauvages. Un immense gaillard à grande gueule et timide, qui était le directeur technique du théâtre. Nous déjeunions souvent chez lui à dix ou quinze sur de grandes tables faites de planches mal jointes, dans un jardin sauvage à côté des anciennes carrières de calcaire. Tout donnait l'impression d'être improvisé dans un vacarme joyeux.

C'étaient des heures infiniment heureuses où nous courions, mon frère et moi, dans la campagne avant de redescendre en catastrophe dans une de ces tractions pour reprendre les cours alors que les grands continuaient à boire et à fumer en parlant théâtre. Mais, la plupart du temps, c'était Didier qui se dévouait pour nous convoyer. Il n'avait, lui, qu'une Simca 1100 orange flambant neuve, et je m'en moquais. Je savais, au fond, pourquoi il s'intéressait à moi bien plus que les autres adultes. Ces jours-là je ne lui en voulais pas. J'étais seulement heureux d'être à l'heure à l'école et qu'on ne m'oublie pas. *(Tous ces trajets en trombe parmi les vignes et le cœur serré de peur d'arriver en retard.)*

Maman devait absolument plaire aux hommes. Elle était belle, elle avait des amants et je ne faisais rien pour lui montrer ma jalousie, rien pour lui faire sentir mon besoin d'être protégé. Plaire aux hommes, c'était son souci, et la conscience aiguë que j'avais de ce souci me maintenait loin d'elle. Elle était simplement occupée ailleurs et ne faisait pas toujours attention à moi. A nous, mon frère et moi. Il me semblait qu'elle était ailleurs, au café après le spectacle. Avec les comédiens et les techniciens. Souvent, je m'endormais sur les banquettes des restaurants, pendant que la troupe riait et dînait dans l'insouciance d'une fin de représentation. Je ne lui en voulais pas de n'être pas là pour moi. Elle était intensément avec les autres. Je n'étais qu'une petite chose à quoi elle faisait attention, certes, mais par intermittence. Je pensais surtout qu'elle avait dû souffrir. Tellement, que ses absences ne comptaient pas, que je ne lui en voulais pas.

Un jour où je regardais à la télé un épisode du *Prisonnier*, j'avais entendu des éclats de voix dans le salon. Mon père venait de lui annoncer qu'il s'en allait. Qu'il voulait aller vivre ailleurs, prendre du recul. Peut-être même lui avait-il déjà dit qu'il était tombé amoureux d'une autre femme, je ne sais pas. Je sais seulement que maman pleurait dans l'immense penderie de notre appartement, qu'elle faisait ses valises pour partir et y jetait pêle-mêle ses habits. Je sais aussi que j'étais ennuyé par tout ce vacarme parce que je ne pouvais pas voir la fin de mon feuilleton. Le Prisonnier allait-il découvrir qui était le Numéro 1 ? Allait-il enfin s'échapper de l'île-prison ? Toujours est-il que j'eus à cet instant cette certitude : maman devait trouver un autre homme, un autre Numéro 1, et devait refaire sa vie avec lui, avec Didier peut-être. *(Ma vie à moi avait soudain moins d'importance.)*

Le chat miaulait de peur et crachait sous mes coups. Il s'était réfugié sous le canapé, dans le salon. C'était une fureur, une fièvre qui me prenait soudain lorsque j'étais seul à la maison l'après-midi. Je me vengeais de je ne sais quoi sur ce petit animal noir et blanc que nous avions caressé si tendrement lorsque nous étions petits. Je le frappais violemment, au fond de sa cachette, avec un bâton ou avec n'importe quel instrument de cuisine afin de le déloger. Puis, dans une course folle à travers l'appartement, je finissais toujours par le coincer, ce petit salaud. Je le prenais alors par la queue en lui battant l'échine à tout rompre parce qu'il tentait de me griffer en se défendant, et le posais sur l'appui d'une fenêtre. Je le maintenais fermement et d'un geste lent, centimètre par centimètre pour qu'il sente bien le vide et ait le plus peur possible, je le poussais du haut du premier étage. Pas dans l'herbe, non. Je choisissais les marches du rez-de-chaussée qui descendaient dans le jardin quinze mètres plus bas, afin qu'il se brise, afin que ce sac de poils et de sang se fasse le plus mal possible. J'entendais alors le bruit sourd des os sur les arêtes de ciment, il hurlait plus fort encore et se sauvait à toute vitesse en clopinant.

Je lui administrais de telles corrections qu'il faisait parfois sous lui, de peur ou de douleur. Et toute cette merde, et toute cette pisse, décuplaient ma furie. En écumant, je lui mettais le nez dedans jusqu'à ce qu'il étouffe, je l'aplatissais, le cognais dans sa crotte jusqu'à ce que ses lèvres saignent. Tu vas voir, petit bâtard, tu vas voir, dégueulasse, je vais te faire bouffer tes saloperies. Allez, mange, mange. Dès que parvenais à le maîtriser et que je le tenais fermement par les pattes, j'essuyais le gros paquet de déjections avec sa pauvre petite tête tuméfiée. Il en avait partout et était encore plus répugnant. Parfois, je le jetais avec force au fond de la baignoire et le douchais à l'eau glacée ou brûlante avant de le balancer par la fenêtre.

Je sortais toujours de ces séances de torture les bras griffés, les mains en sang, et plongé dans une profonde stupeur. Je me sentais alors affreusement coupable. J'aurais voulu prendre ce petit chat doucement dans mes bras, le caresser et le protéger comme la pauvre bête sans défense qu'il était. Mais chaque fois qu'en rentrant de l'école, il revenait se frotter contre moi en ronronnant pour que je verse du lait dans sa soucoupe, chaque fois, chaque fois, ça recommençait. J'entrais dans une fureur qui n'avait pas de nom. Toute cette tendresse et son petit nez rose, tous ces miaulements de contentement, toutes ces manifestations d'amour étaient en vérité intéressés. Du lait ! Cette ordure pleine d'amour voulait seulement du lait ! Et je ne le supportais pas. *(Il faisait semblant de m'aimer pour mieux profiter de moi, oui, profiter de moi.)*

2

Nous nagions nus, nous déjeunions nus, nous jouions nus. Des mois étaient passés et Didier avait déménagé. Fini l'appartement de la rue pavée où j'allais à reculons. Ce cocon de torture et de pâte d'amandes se refermait sur lui-même petit à petit, comme une lettre qu'on froisse de colère et qu'on jette au panier. Un comédien qui s'en allait du théâtre avait laissé à Didier une maison à la Montagne, près de chez Dac, à quelques kilomètres au-dessus de Beaune. C'était une jolie maison, perchée en haut d'un petit chemin de terre qui serpentait parmi les pins, et protégée des rares voisins par de hauts murs de pierre et de ciment. Avec l'accord de maman, j'y passais mes week-ends, et souvent mes soirées. Didier me descendait le lendemain matin à l'école. J'y avais des chemises et des pulls, des crayons et des cahiers, des feuilles à dessin et des jouets. Le printemps était revenu et, un jour, en remplissant la piscine d'une nouvelle eau pour l'été, Didier avait dit que je n'avais pas besoin de maillot pour me baigner. Puis que je n'avais pas besoin de vêtements pour déjeuner, surtout au soleil. Il était nu et moi aussi, les chaises de jardin nous imprimaient des bandes rouges sur les fesses et ça nous faisait beaucoup rire.

La première fois, ça m'avait paru étrange de ne pas mettre d'habits, de voir son sexe rabougri pendre et se balancer parmi tous ces poils roux. Puis je m'y étais habitué. Après tout, c'était une des règles de la maison, et il fallait s'y tenir. Ce rituel avait été instauré par l'ancien locataire, un certain Tonbas, qui déjeunait nu avec ses petits amis. C'est du moins ce que m'avait dit Didier en riant. Moi aussi, j'aimais être nu dans la chaleur naissante du soleil d'avril avec le vent qui me caressait les jambes.

Le soir venu, je faisais un feu dans la cheminée et nous dînions en tête à tête, comme un petit couple. Didier avait décidé de m'apprendre tout ce qu'il savait. Il me parlait de cinéma, de littérature, d'histoire ou de politique. Avec lui, je découvrais ce qu'on n'enseigne pas à l'école. La décolonisation, la lutte des classes, Brecht ou Pasolini. Je restais bouche bée, le coude sur la table, le menton sur le poing. J'avais une telle soif d'apprendre que dans ces moments-là, je l'aimais plus que tout. Le monde des adultes s'ouvrait enfin à moi, merveilleux et insoupçonné. Il me donnait des livres auxquels je ne comprenais pas grand-chose mais que je déchiffrais page par page, *J'irai cracher sur vos tombes* ou *Le Zéro et l'infini*, des livres que je tentais vainement de lire, des livres vénéneux que je gardais jalousement dans ma chambre chez maman comme autant d'icônes qui me séparaient définitivement des autres enfants de mon âge. *(Plus je vivais avec lui et plus j'étais seul.)*

A l'école, je n'étais pas le bienvenu. Les couloirs étaient pleins de types qui passaient leur temps à chercher ce qui n'allait pas. Et chez moi, rien n'allait. J'avais les cheveux trop longs jusque sur les épaules, trop rouges, teints au henné. J'avais de drôles de pantalons, des jeans larges en bas qui traînaient par terre. Et puis des chemises indiennes roses ou bleues avec des broderies. Non, décidément, rien n'allait. J'étais un pédé. C'était sûr. Un sale petit pédé, même si je ne savais pas vraiment ce que c'était. Alors les gros bras se mettaient à plusieurs et me coinçaient dans un coin de la cour pour me corriger. Pour me faire passer l'envie d'être une saloperie de petite tapette, pour se venger de je ne sais quoi.

Je redoutais la sonnerie qui annonçait l'heure de la récréation. Alors que tout le monde dévalait l'escalier en courant, je traînais, j'hésitais à quitter la classe et la proximité des maîtres. Je n'avais pas d'amis pour me défendre et je n'osais pas en parler aux adultes, pas même à maman. Je faisais ce que je pouvais et je pouvais peu. Parfois, j'en attrapais un et nous nous battions jusqu'au premier sang. Mais ces sales mecs avaient déjà redoublé plusieurs fois, ils étaient plus âgés que moi et j'étais rarement le plus fort. Quand le soir venait, je filais à vélo le plus vite possible pour que ces fils de vignerons imbéciles ne me rattrapent pas, et au dîner, je retrouvais enfin les amis de maman qui me ressemblaient.

Je me souviens qu'un soir de fête foraine, la bande d'Hermann m'avait coincé dans la rue de Lorraine sur le capot d'une voiture. Hermann était le fils d'un ferrailleur qui avait fait fortune en s'instalant à Beaune dans les années 60. Il avait les cheveux blonds qui traînent dans la nuque et l'allure d'un petit lutteur, fan de Michel Sardou et de Johnny. Ils étaient quatre à me donner des coups de poing dans les côtes et me serrer à la gorge.

J'étais allongé sur la tôle et j'étouffais lorsque soudain, Christian Lavigne avait surgi. Sa grosse voix d'adulte avait suffi à les disperser comme une bande de corbeaux stupides. Et pourtant, Christian portait lui aussi les cheveux longs et une chemise indienne à broderies mauves de pédé. Cette violence ne s'est arrêtée que grâce aux filles, quelques années plus tard. Lorsqu'elles ont commencé à dire à Hermann et aux autres qu'elles sortaient avec moi, pour me protéger. Que, non, je n'étais pas un pédé et qu'elles m'avaient déjà embrassé. J'aurais adoré que ce fût vrai, mais en attendant d'en embrasser une pour de vrai, les filles me protégeaient. *(Non, décidément, à l'école rien n'allait.)*

Le soir, à table, je regardais les seins d'Anne Dubosc. C'était une amie de maman, une comédienne qui jouait des rôles de jeune première. Elle habitait à la maison et je la voyais souvent en culotte et en soutien-gorge. Une fois, je l'avais surprise au lit avec un autre Christian, un éclairagiste, alors que je me relevais le soir et que je devais passer par la chambre qui avait été celle de mes parents. Ils étaient au lit, elle était sur lui, et j'ouvris la porte en croyant voir maman assoupie, la lumière allumée. Anne avait les seins relevés dans une dernière fureur, deux seins de métal blanc. J'en fus jaloux. Anne me prenait souvent le visage entre ses mains en disant à qui voulait l'entendre qu'elle coucherait bien avec moi si j'avais quelques années de plus. Et voilà qu'elle me trompait avec un autre. Avec

Il m'aimait

ce type infiniment gentil qui m'avait fait découvrir David Bowie un jour que j'étais devant la télé à écouter Sheila ou Johnny. Je me mis à détester ce Christian. Et pourtant, je ne savais pas très bien ce que tout cela recouvrait. L'amour entre un homme et une femme était pour moi une chose mystérieuse faite de halètements, de corps emmêlés et de regards surpris. *(J'aurais tellement aimé que ce soit Anne Dubosc et non Didier qui couche avec moi dans la nuit, la nuit sans limites.)*

Antonio avait dansé toute la nuit sur une seule jambe. Je le regardais à la télé chez Didier. Il était tard et j'avais voulu rester éveillé jusqu'à la fin de ce reportage. C'était l'histoire d'un enfant de mon âge qui vivait là-bas, à Rio. C'était le carnaval, les gens étaient joyeux, les chars défilaient avec leurs filles aux seins nus, leurs strings et leurs paillettes, tout paraissait merveilleux. Même pour ce gamin des favelas, heureux et épuisé d'avoir tant dansé toute la nuit sur une seule jambe. Je crois me souvenir qu'il avait perdu l'autre en passant sous un train. Antonio était maintenant presque allongé devant la caméra, sur un trottoir plein de confettis, en train de sniffer de la colle dans un sac plastique. Il n'avait pas de parents ou n'en parlait pas. Et soudain, soudain, je me suis senti proche de lui, je me suis senti totalement empli de sa détresse, et alors même qu'il souriait, je me mis à pleurer.

Au début, Didier ne comprit pas. Il commençait à rire. Ce n'était qu'un reportage. Ce n'était que de la télé, voyons.

Mais je pleurais. Je pleurais sur toute cette misère, sur toute cette détresse. Je sentais au plus profond de moi que cet enfant était mon frère et je pensais à la nuit qui viendrait, cette nuit où il allait dormir sur un trottoir avec ses béquilles serrées contre son cœur pour qu'on ne les lui vole pas. Le seul bien qu'il avait sur terre. Je le voyais danser dans la pluie des tambours comme autant de ténèbres, comme tous ces corps crucifiés par la misère dans le long cortège des danseurs anonymes. Je le voyais sauter de joie, je voyais son bonheur d'un soir sous ce ciel veiné d'encre et de lavis rose dans le crépuscule de Rio. Et je me disais qu'il resterait là-bas, lui, dans son carnaval, et qu'il n'y avait rien que je pusse faire pour l'en sortir. J'étais impuissant devant cette télé, que Didier me donnait le droit de regarder jusqu'à plus soif, et c'était comme si toute la tristesse du monde s'était abattue sur moi. Il y avait un autre enfant, là-bas, dans ce pays lointain que je ne connaissais pas, un enfant qui était seul, pauvre et handicapé et qui dansait quand même. Un enfant qui souriait, qui souriait vers le ciel malgré tout ce désespoir.

Le reportage terminé, je sortis respirer l'air frais et pleurer encore. Je regardai un instant la ramure des étoiles au-dessus des pins en pensant qu'il la voyait peut-être lui aussi. Je rentrai en larmes et remontai me coucher sagement aux côtés de Didier. Il tenta en vain de calmer mon chagrin. *(Ce soir-là, il me serra simplement dans ses bras, puis me laissa m'endormir dans la fatigue amie, m'endormir comme un enfant, sans me toucher.)*

3

Mon père venait parfois à la maison après l'école. Il passait pour me faire réviser mes leçons. Je lui lisais mes rédactions, mes exercices de maths et il m'encourageait. Je n'osais lui parler de rien d'autre que de mon travail en classe et il ne me demandait rien d'autre. Comme si un pan de notre vie à tous les deux avait disparu avec son départ. Comme si un visage du monde demeurait caché et silencieux. Je savais qu'il travaillait avec Didier, qu'ils se côtoyaient presque toute la journée et qu'ils étaient amis. Papa était comédien et administrateur du théâtre, je l'avais souvent vu sur scène dans des sortes d'éblouissements d'enfant. Tous ces masques qu'il pouvait porter, toutes ces vies et ces histoires qu'il me racontait lorsqu'il était en costume. Tout cela, oui, tout cela, constituait pour moi une vie pleine de surprises nocturnes et de métamorphoses. J'avais compris que les gens changeaient d'identité le temps d'un spectacle. Qu'ils devenaient d'autres gens. Bons ou mauvais, intrépides ou lâches. Ils devenaient beaux, puis atroces. Ils tuaient, ils massacraient puis ils étaient soudain bons et généreux. Je m'étais habitué à les voir ainsi changer de peau et de masques. Didier, lui, montait rarement sur scène. Il était plutôt mauvais comédien. Ce n'était d'ailleurs pas son boulot. Il était officiellement « animateur ». Je ne savais pas bien en quoi cela consistait, mais je m'imaginais qu'il développait des projets avec des jeunes gens et des enfants. Qu'il animait des sortes d'ateliers. Il était à coup sûr plus doué pour la vie que pour la scène et ne changeait de visage que pour moi seul. *(J'étais le seul à connaître ses traits véritables.)*

J'avais fait des sardines grillées au chocolat et du poulet au sel. C'était particulièrement mauvais. Mon père devait venir déjeuner avec Didier et moi à la Montagne. Dès le matin, je m'étais mis à la cuisine. Didier m'avait laissé faire, il trouvait ça drôle. A la fin du repas, infect, papa raconta comment Didier avait débarqué dans la Compagnie et dans nos vies. Nous habitions encore à Rouen à l'époque et le petit théâtre que mon père et quelques autres comédiens avaient monté projetait un film ce soir-là. Soudain, le projecteur était tombé en panne. On attendit, on fit patienter. Impossible de réparer. Alors un type se leva dans l'assistance et cria : « J'ai, j'ai un projecteur dans ma voiture, là, juste dehors. » Il partit le chercher et l'installa. La projection put reprendre. C'était Didier. Dans sa vieille

Il m'aimait

Diane, il sillonnait les routes du département, d'école en école pour montrer des films aux enfants. Il vivait de ce colportage. Depuis, il n'avait plus quitté la troupe de comédiens et était venu avec nous s'installer à Beaune quand le ministère avait attribué ce théâtre subventionné à la Compagnie. Je ne savais pas si j'aimais cette histoire de hasard qui les faisait encore rire. L'histoire d'un projecteur en panne qui avait mis cet homme sur mon chemin. *(Non, cette histoire ne me faisait pas rire, comme l'archéologie d'un malheur.)*

Elle se frappait à toute volée le sexe avec un crucifix, le sang coulait entre ses jambes d'enfant. Et elle disait à sa mère d'une voix rauque « t'as vu ce qu'elle fait, ta chienne de fille ? » J'étais recroquevillé dans mon fauteuil, terrifié par ce film, seul au milieu d'une salle de cinéma. Didier avait l'immense privilège de maîtriser les instruments et de disposer une fois par semaine de la salle du Rex. Un des deux cinémas de la ville. Accrédité par le théâtre, il y organisait les séances d'une sorte de ciné-club et choisissait les films. Parfois, privilège immense, il les projetait rien que pour moi. C'était toujours des histoires d'enfants ou d'adolescents qui vivaient des relations étranges avec des adultes. J'avais ainsi vu *Kess*, *If* ou *The Go-Between*. Et puis des films de Losey, de Pasolini ou de Bergman. J'adorais ces séances privées, assis seul dans cette grande salle à l'italienne avec Didier, là-haut, dans la cabine de projection. Les films étaient toujours étranges, sortis d'on ne sait où. Pas le genre de ce que je pouvais voir à la télé.

Cette fois, à ma demande, il m'avait projeté *L'Exorciste* qui venait juste de sortir et qui était interdit, je crois, aux moins de seize ans. J'en avais dix ou onze et je tremblais de peur. J'enfonçai sur mes yeux la casquette en jean qu'il m'avait offerte mais il y avait toujours le son. Courageux, et un peu fier, puisque c'était moi qui l'avais voulu, je restai jusqu'à la fin. J'aurais préféré revoir *Le Septième Sceau* de Bergman ou *Le Locataire* de Polanski qui m'avait aussi fait très peur. En sortant, je fis comme si de rien n'était. Tout allait bien jusqu'à ce que nous remontions à la Montagne. Il faisait nuit et dans la voiture, j'avais peur que Didier ne tourne la tête vers moi en parlant d'une voix rauque et profonde de possédé. Quand, plus tard, je sortis dans la nuit pour prendre l'air sous les étoiles comme chaque soir, je vis dans le ciel l'immense visage de cette petite fille habitée par le diable. Elle me fixait, se penchait sur moi avec ses plaies purulentes et ses yeux verts comme deux tubéreuses lumineuses. Pris de panique, je jetai un regard vers l'intérieur de la maison. La porte, juste derrière moi, était entrouverte et je pouvais voir Didier qui cuisinait. Il était de dos, dans cette maison tranquille et silencieuse, et j'eus soudain terriblement peur. Peur qu'il ne se retourne en ayant un autre visage. *(Le visage du diable.)*

Les mois passaient et nous étions de moins en moins un couple illégitime. Nous étions devenus un petit couple apparemment heureux de vivre. Tout le monde s'était habitué à nous voir ensemble le soir ou en fin d'après-midi. C'est à peine si nous ne nous tenions pas par la main dans la rue, s'il ne m'embrassait pas sur la bouche devant ma mère. Je ne comprenais pas comment personne ne s'apercevait de rien. Comment personne n'avait l'ombre d'un soupçon. Il faut dire que je ne me plaignais jamais, je demandais même parfois à aller chez Didier quand l'atmosphère me pesait trop à la maison. Quand il y avait trop de monde, que la musique était trop forte et qu'on paraissait m'oublier. Quand il me fallait du silence et de l'attention. Je ne pensais jamais, non jamais, à ce qui allait m'arriver une fois au lit, cette chose qui n'avait toujours pas de sens pour moi, cette violence d'adulte incompréhensible que je devais subir dans le noir ou la lumière allumée. C'était lui qui décidait désormais s'il voulait ou non me voir. Je ne me représentais que les plaisirs que ce séjour chez lui m'apportait. Cette liberté d'enfant-roi, d'enfant choisi et chéri. D'enfant qui se décompose et se morcelle doucement. *(La peur tirait son fil et me décousait, et me décousait…)*

4

A l'école, je commençais à avoir des copains. Ceux qui admettaient que j'étais différent et s'en moquaient. Ils venaient parfois à
la maison et nous jouions aux minisoldats.
Nous faisions des batailles infinies où nos
armées succombaient sous les billes qui les
renversaient et les bombardements d'élasti-
ques. Ces jours-là, j'étais incroyablement
heureux. Je mesurais pourtant l'ampleur du
monde qui nous séparait. J'avais essayé de
leur faire écouter Frank Zappa ou Bob Dylan
qui étaient mes dieux vivants, mais ça ne leur
plaisait pas. Ils n'y comprenaient rien et aimaient Claude François ou un autre « François », Frédéric François ou François Valéry.
Ils ne lisaient pas comme moi et préféraient
regarder la télé le mercredi après-midi. Mes

amis étaient pourtant ce que j'avais de plus précieux, ils étaient la preuve d'un monde normal. *(La preuve que j'existais.)*

Pour les vacances de Pâques, Didier m'emmena faire du kayak dans les gorges du Verdon. Nous faisions du camping sous un ciel immense rayé d'étoiles. L'air était transparent et la fumée de notre feu de camp s'envolait en se dandinant un instant dans l'espace avant de s'évanouir dans la nuit. Le soir, Didier me racontait des histoires pleines de monstres et de bêtes sauvages, pleines d'enfants qui se faisaient dévorer. J'aimais ça et j'en redemandais. Je n'avais plus l'âge d'en avoir franchement peur. Je savais que c'étaient des gens normaux et non des animaux qu'il fallait se méfier. Pourtant, une nuit, nous fûmes pris de panique. Il y avait des bruits étranges autour de nous, des bruits dans les buissons. Après avoir rallumé la lampe tempête, nous repliâmes la tente en toute hâte et filâmes coucher à l'hôtel, dans la ville la plus proche. Même Didier avait eu peur. Le gardien de nuit ne vit aucun inconvénient à nous louer une chambre avec un grand lit.

Le lendemain, nous avions loué des kayaks pour descendre le Verdon. Nous étions nus dans nos petits bateaux, nus à pagayer parmi les remous argentés de la rivière. Cela ne me gênait pas tellement : assis au fond de la coque en plastique orange, j'étais protégé du regard des autres. Protégé, jusqu'à ce que nous abordâmes une plage naturiste où nous voulions nous reposer. Didier poussa soudain un grand cri : « Eh oh, Sybille ! » et je vis une grande fille rousse d'une vingtaine d'années se retourner. Didier l'avait reconnue de dos. Elle s'approcha de nous en souriant. Elle était nue, elle aussi. Elle embrassa Didier et se planta devant moi pour me faire la bise. C'était une des comédiennes du théâtre que je voyais parfois à Beaune avec maman. J'arrivais à peine à la hauteur de ses petits seins fermes. Entre ses jambes, une touffe de poils roux arrondie dépassait. C'était la première fois que je voyais une femme nue. Je la trouvais belle mais j'avais peur de la regarder, peur que mon regard sur elle ne la gêne. Je restai donc ainsi, interdit et figé comme une statue à la fixer droit dans les yeux pendant qu'elle parlait à Didier. Je ne sus quoi répondre quand elle s'adressa à moi. En vérité, je n'avais pas entendu, tout entier absorbé par l'effort que je faisais pour ne pas la regarder. Ne pas regarder ce corps qui me pétrifiait et me fascinait. Je devais avoir onze ou douze ans et les femmes commençaient à être pour moi un terrible sujet d'interrogations et l'objet d'un trouble profond. *(Il me semblait crier du bout du monde et que personne ne m'entendait.)*

La Simca orange de Didier filait vers le sud. J'aimais rouler dans l'air chaud entre les champs de lavande et les oliviers. La lumière crue de la Provence me faisait mal aux yeux et le mistral me transperçait. J'étais vide et les paysages m'emplissaient. Assis à côté de Didier dans la voiture, je discutais avec lui toute la journée avec passion de l'extinction des dinosaures ou de la naissance des étoiles. J'ai aimé faire ce trajet dans la rocaille et la garrigue. Cette route bordée de platanes où nous nous arrêtions dans de petits bistrots pour déjeuner ou boire un Coca quand le vent tombait et que nous avions trop chaud. J'ai aimé ces discussions infinies où Didier me racontait l'histoire du monde.

Puis un jour, nous arrivâmes au Lavandou, Didier planta la tente et nous prîmes presque aussitôt un bateau pour l'île du Levant. Là encore, il fallait se mettre nu pour marcher dans la pinède et aller sur les plages. C'était strictement nudiste et à chaque fois que les gens apercevaient un maillot de bain, ils criaient, « les textiles, au Lavandou ! les textiles, au Lavandou ! ». A peine arrivés, nous nous étions déshabillés sur le port. Nous n'avions gardé que nos chaussures et nos chaussettes. Je trouvai ça ridicule de marcher équipés ainsi mais je ne dis rien. D'autant que nos habits étaient là, à portée de main, dans le sac à dos que transportait Didier. J'avais l'âge où je commençais à être gêné, gêné par mon propre corps et celui des autres, je ne comprenais rien à toutes ces règles étranges mais je m'y pliais.

Dans le frémissement des cigales comme un brasier, nous croisions d'autres enfants et des vieux en sandales aux sexes chauves. Je ne comprenais pas pourquoi ils n'avaient pas de poils et Didier m'expliqua qu'ils se les rasaient pour avoir l'air plus propres. Moi, je pensais qu'il les perdaient comme ils perdaient leurs cheveux. L'eau de la mer était verte et glacée. Je me baignai quand même, heureux de nager. Plus tard, Didier me fit remarquer que mon sexe et mes testicules avaient rétréci dans l'eau froide, ça l'amusait beaucoup.

A quelques mètres du bord, sur un rocher, une fille un tout petit peu plus âgée que moi bronzait au soleil d'avril. Je la regardais et je l'enviais. J'avais envie d'être avec elle, de partager sa vie. J'avais envie d'être elle. Elle avait déjà de tout petits seins. Elle était si belle, elle semblait si calme. Rien dans sa vie de jeune fille ne paraissait la toucher ni la blesser. J'imaginais sa famille, là-haut, dans une des belles villas de l'île. Une famille sage et accueillante, tout habillée de bleu et de blanc. Bientôt elle irait les rejoindre, elle prendrait sa douche, puis dînerait en s'ennuyant un peu et se coucherait seule avec un livre dans un grand lit d'été. De mon côté, il fallait que je retourne sur la plage rejoindre Didier qui m'attendait pour rentrer au Lavandou sous notre tente. Il fallait que je retourne dans cette torture que je connaissais maintenant par cœur et qui était devenue si familière que je n'y pensais plus qu'au moment où elle arrivait.

Cette fille était une sirène pensive aux seins de glace, qui m'attirait sans que je sache pourquoi. *(Je sentais obscurément qu'il y avait en elle, je ne sais où, l'immense pouvoir de me délivrer.)*

Un jour, Didier m'emmena chez ses parents. Ils étaient éclusiers près d'Angers. Avant d'arriver, nous fîmes un détour par le collège de son enfance. Une école de jésuites. C'était pendant les vacances et les grands bâtiments de brique rouge étaient vides. Nous fûmes reçus par le proviseur qui se souvenait de Didier et qui nous permit de visiter l'internat. Je vis qu'il voulait surtout me montrer le dortoir. Des dizaines de petits lits blancs étaient alignés dans une immense salle sombre. Il me désigna le sien puis la petite chambre du surveillant, près de la porte. Il fit des allusions à ce qui se passait la nuit dans ces dortoirs. Je compris alors, sans qu'il le dise clairement, qu'il avait subi ici la même chose que moi. Mais, étrangement, il était enjoué et avait l'air de trouver que c'était un bon souvenir. L'air de trouver ça bien, cette relation secrète entre les adultes et les enfants. Je voulais sortir de cet endroit que je trouvais sinistre, mais il s'y attardait avec un certain plaisir, parlant avec le proviseur. Ce fut la seule fois où je trouvai Didier malsain.

Ses parents étaient de braves gens de la campagne, ravis de voir débarquer leur fils avec un enfant. Dans l'après-midi, nous partîmes pêcher sur la Loire dans une petite barque verte, j'attrapai une anguille, et le soir nous mangeâmes nos poissons, cuisinés au vin blanc par sa mère. On m'attribua une petite chambre qui avait été celle de Didier lorsqu'il était enfant et je dormis tranquillement toute la nuit, sans que rien vienne troubler mon sommeil. Le matin, au réveil, le ciel était d'un bleu profond qui s'étendait loin au-dessus de la cime des arbres, les oiseaux chantaient juste sous la fenêtre, la journée promettait d'être magnifique et j'étais heureux. Je ne pensais à rien, uniquement au bonheur d'être là, protégé, à cette nuit calme que je venais de passer et qui avait décousu les soucis de la veille.

J'étais heureux jusqu'à ce que Didier entre

Il m'aimait

dans ma chambre avec un plateau de petit déjeuner préparé pour moi par sa mère, et se penche sur mon lit en souriant. *(Je me souvins alors que j'étais avec lui, à sa merci, même ici chez ses parents.)*

J'étais une femme. J'étais ma mère. Déguisé avec ses vêtements, ses jupes, ses chemisiers, et maquillé jusqu'au bout des ongles. Je venais de passer la moitié de l'après-midi dans sa penderie à essayer ses chaussures à talons, ses vestes en daim et tous ses habits. Ils étaient un peu grands, mais dans l'ensemble, ils m'allaient. Dans le grand miroir du salon, je ressemblais vraiment à une fille. Je m'étais déguisé dans une sorte de fièvre et d'épuisement. Au bout d'un moment, à force de tourner en rond et de me regarder dans les miroirs, je suis sorti. Il fallait que je me montre, que tout le monde sache.

Je me suis dirigé, en marchant péniblement avec ces talons hauts, vers la salle de judo où je savais que mes copains de classe prenaient leur cours, et je me suis assis dans les gradins sans rien dire. Quand ils me reconnurent, à la fin du cours, j'inventai une histoire abracadabrante. Les gros bras du collège m'avaient poursuivi jusqu'en bas de chez moi et j'avais dû me déguiser pour ressortir, en disant que j'étais ma sœur. C'était tellement gros qu'ils me crurent et nous finîmes par rire de l'aventure. Puis ils vinrent chez moi, je me démaquillai, me rhabillai en garçon, et nous jouâmes aux minisoldats. Le judo était pour eux un jeu viril, un sport d'adresse et de force. Je les observais et je sentais tout le décalage qu'il y avait entre eux et moi. Tout ce maquillage et ce travestissement qui nous séparaient. Je ne savais pas pourquoi j'étais allé là-bas, je ne savais plus vraiment qui j'étais. *(J'étais seulement fardé comme une petite pute.)*

Nous avions formé un clan. Le clan des
« voraces » avait proposé Thierry en pensant
que c'était un mot dangereux, ce qui nous
avait bien fait rire. Les voraces ! Nous étions
six ou sept enfants et c'était un vrai clan, avec
des règles strictes, avec des réunions et des
conseils de guerre où nous mangions plus de
bonbons et de gâteaux que nous ne projetions
d'opérations secrètes et de jeux. Nous nous
étions inventé des ennemis (un clan ne peut
pas vivre sans ennemis), les frères Lafargue,
des petits-fils de ferrailleurs dont les parents
avaient fait fortune dans la brocante. J'avais
trouvé dans ce groupe mon meilleur ami,
Eric, avec qui je riais sans cesse pendant ces
réunions. Et j'avais trouvé dans sa grande
sœur Anna, la plus jolie fille du monde dont
j'étais amoureux en secret. Je n'étais pas très

assidu aux séances qui avaient lieu après l'école. J'allais chez Didier quand il me le demandait. Quand il me téléphonait. Mais pendant nos jeux, je faisais tout pour avoir l'air normal, pour avoir l'air d'un petit garçon sans problèmes. Je savais que j'étais le seul à avoir une double vie. Une vie d'enfant et une vie d'adulte. *(Et je ne comprenais rien à ces deux vies.)*

Un jour qu'il était en train de me masturber, il me demanda si je faisais ça tout seul. Je
n'y avais jamais pensé, jamais. Le faire tout
seul! Je pouvais donc me passer de lui. Et
faire ça à la maison, dans ma chambre, ce
plaisir qui m'attirait, cette espèce de chose
que ça faisait dans le ventre et qui irradiait,
qui me montait le long de la moelle épinière,
puis me laissait pantelant et exténué. Cette
jouissance mystérieuse et divine.

Je me souviens, c'était à la Montagne, nous
étions dans des draps roses qu'il aimait particulièrement et il me répétait, en se masturbant lui aussi, et en mettant son énorme bite
dans ma bouche, « hein? est-ce que tu fais ça
tout seul dans ton lit? Tu fais ça tout seul?
dis-moi, dis-moi… ». Je réfléchis un instant,
je me sentis bête de ne pas y avoir pensé plus

tôt, et lui répondis « oui ». Oui, je fais ça tout seul dans mon lit, le soir… Et il m'éjacula sur le visage. *(Je pris les Kleenex qui servaient à ça sur la table de nuit.)*

A la maison, j'organisai des séances de masturbation collective. C'était après l'école, avec mes deux seuls amis de classe. Nous nous étendions sur les coussins du salon et nous fermions les yeux en tentant d'inventer des rêveries érotiques. Je pensais à Anne Dubosc, à ses seins de lingère épanouis, à ses fesses rondes et gigantesques que j'apercevais quand elle sortait nue de la salle de bains, et je jouissais presque aussitôt. Je ne savais pas bien encore à quoi ces fantasmes correspondaient mais ils m'agitaient de plus en plus fort.

Je ne connaissais rien à la géographie féminine et je pensais que le vagin était un trou horizontal qui s'ouvrait au niveau du pubis, presque sous le nombril. Aucun de nous, ni Philippe, ni Arnaud ni moi, n'avions encore de poils ni de sperme et je leur décrivis ce qu'était ce liquide blanc qui sortait du zizi en disant que c'était ma mère qui me l'avait appris. Je crus un instant que cette pratique collective ou solitaire allait me délivrer de l'emprise que Didier avait sur moi, mais il n'en fut rien. Didier savait m'attirer chez lui, il avait acquis l'entière confiance de mes parents et de leurs amis. J'étais pris dans ses rets comme les poissons que nous pêchions à Verdun sur le Doubs, pris dans le secret sans nom de cette histoire et après presque deux ans de liaison, j'avais l'impression que je ne pouvais plus la dévoiler ni faire marche arrière sans m'exposer à des questions auxquelles je ne savais répondre. Pourquoi avais-je continué à voir ce type irréprochable, cet ami de la famille si attentionné, si ça me déplaisait tant ? Pourquoi ne pas avoir parlé plus tôt, quand ça avait commencé, hein Christophe ? Pourquoi ? *(C'était bien moi le coupable.)*

J'aimais aller avec lui à Paris. Nous allions au cinéma et au théâtre. Puis nous passions des soirées chez les Gunzburg, un couple de comédiens qui avaient un appartement dans une petite impasse qui donnait sur la rue de la Gaîté. Les grands parlaient théâtre pendant que je jouais avec leur fils, Julien, avec qui j'avais vécu à Beaune lorsque les comédiens venus de Rouen habitaient tous ensemble dans un immense appartement. J'aimais l'agitation des rues, les platanes du boulevard Edgar Quinet et les kiosques à journaux. J'aimais l'odeur du métro, la foule anonyme, les disquaires, les librairies et les petits cinémas d'art et d'essai du VIᵉ arrondissement. Nous habitions à l'Hôtel Michel près du boulevard Montparnasse, une chambre avec un grand lit où je détestais me retrouver après le spectacle, après tout un jour miraculeux, un jour plein de bonheur et de balades aux puces ou à Barbès où Didier m'offrait presque tout ce que je voulais. Des petits gadgets, des disques, des insignes militaires et des montres électroniques à trois sous. Toute une verroterie pour esclave, un flot continu de pacotilles qui faisait de moi son obligé et le rendait infiniment aimable. Le matin, nous flânions dans les rues de Montparnasse et comme j'admirais Sartre, sans l'avoir jamais lu parce que je n'y comprenais rien, nous prenions nos petits déjeuners comme lui au café La Liberté. *(La Liberté!)*

Le pneu éclata en lambeaux sous la lame de mon couteau. C'était au moins le dixième que je crevais ainsi. Mon frère faisait le guet et dès que j'avais enfoncé mon couteau jusqu'à la garde dans la gomme, nous courions nous mettre à l'abri dans une autre rue où nous recommencions. Il devait être minuit ou une heure du matin. La ville était profondément endormie, et hormis quelques voitures qui circulaient encore sur le boulevard, il n'y avait personne.

L'idée de crever les pneus des voitures nous était venue après une longue discussion avec mon frère et Hervé, le fils d'un comédien qui vivait chez nous. Nous étions seuls à la maison ce soir-là et nous nous étions échauffés les uns les autres. Ce n'était pas du vandalisme, non, c'était un acte politique. Nous voulions simplement que les gens n'aillent pas travailler le lendemain. Nous voulions saboter cette société de merde qui exploitait les pauvres employés et buvait le sang des prolétaires. Demain matin, les gens allaient se réveiller et ils allaient être heureux, tout serait désorganisé et ils n'iraient pas au bureau. J'accomplissais un acte de salut publique. Un acte de rébellion que personne n'avait osé auparavant. Je me voyais en héros d'une révolution souterraine et nocturne. Pris d'une sorte de fièvre, je sabotais l'outil de travail, le symbole de l'aliénation. Toutes ces saloperies de bagnoles qui emmenaient les gens se faire trucider à petit feu. Je continuai à poignarder gaiement jusqu'à ce qu'une voiture pile devant nous faisant crisser ses pneus, et qu'un grand type, accompagné de deux autres, me mette la main sur l'épaule puis nous dise qu'il avait averti la police. A cet instant, ma fièvre tomba d'un coup, comme si je dessaoulais. Je sentis que cela devait arriver, que nous devions nous faire coincer. C'était obligé.

Nous nous retrouvâmes au poste tous les trois, après avoir crevé plus de cinquante voitures. Ma mère mit longtemps à venir nous chercher, elle devait être au théâtre ou au restaurant. Personne ne comprit nos motivations. Elles parurent incroyables, même aux amis de ma mère qui détestaient cette société stupide et aliénante. Les propriétaires ne portèrent pas plainte, mon père et maman les remboursèrent, et j'eus interdiction de sortir après l'école ainsi que le soir pendant un mois. Même pour aller chez Didier. *(Ce fut un mois de paix, un mois de tranquillité intérieure, pendant lequel je ne me posai aucune question.)*

Didier avait en moi une confiance aveugle. J'étais son petit prince et son petit ami. A mesure que je grandissais, il me passait presque tous mes caprices et je devenais de plus en plus exigeant. Un soir que nous devions aller chez lui à la Montagne, je voulus conduire sa voiture. Je voyais à peine la route et nous avions dû subtiliser chez moi un coussin pour me rehausser. J'appris vite. Je conduisais vite aussi, dans les zigzags qui nous menaient chez nous. Didier avait peur et serrait entre ses doigts le frein à main, la seule commande à laquelle il avait accès. La boîte de vitesses craquait, le moteur s'emballait, je faisais des écarts en regardant mes pieds pour ne pas les emmêler. Je flottais sur le siège conducteur. A côté de moi, il était livide mais ne me disait rien. J'adorais être un adulte, j'adorais cet échange de rôles.

Un soir, tandis qu'il m'ouvrait la grille de sa maison, j'emboutis sa voiture contre le haut mur de ciment, juste sous le porche. Je m'y repris à trois fois et par trois fois je froissai un peu plus la tôle de la carrosserie alors qu'il criait dans la lueur des phares pour que je descende et lui laisse le volant. Je bloquai les portes de l'intérieur et ris en manœuvrant encore. C'était comme si la petite auto, une fois conduite par moi, ne voulait plus entrer dans cette maison où nous allions nous coucher. *(Comme si la petite auto m'avait conduit dans un autre monde, où Didier n'était plus le seul maître à bord.)*

Cela faisait trois ans et demi que nous étions ensemble quand j'ai exigé de coucher seul dans le grand lit. C'était la première fois que nous nous disputions, la première fois que je lui tenais tête. Je ne voulais pas dormir avec lui ce soir-là, et c'était tout. Nous ne parlions jamais de sexe. Le sexe était le grand absent de nos conversations, cette chose muette et immense qui nous unissait et nous séparait. Alors je lui disais qu'il avait du ventre et qu'il fallait qu'il maigrisse. Alors, je lui disais qu'il perdait déjà ses cheveux et que je n'aimais pas ça. Je cherchais les détails physiques les plus blessants pour exprimer mon dégoût. Un dégoût que je ne me formulais pas. Un dé-goût qui restait secret. Sans le dire, sans même le penser clairement, avec mes mots d'enfant, je lui reprochais de ne s'intéresser à moi que pour coucher avec moi. Au bout d'une heure de discussion où je voulus qu'il me ramenât chez ma mère, il avait cédé, et pour me prouver son désintéressement, il avait installé un matelas pour y coucher juste à côté du grand lit où nous dormions d'habitude. Je m'étais glissé dans les draps, heureux d'être seul et d'imaginer que j'allais dormir paisiblement jusqu'au matin.

Quand j'éteignis la lumière, nous discutâmes dans le noir des Rolling Stones qu'il avait promis de m'emmener voir quand ils passeraient à La Villette le mois suivant. Nous étions silencieux quand je ne sais pourquoi, je fis semblant de me masturber. Sans doute pour le provoquer, peut-être par jeu. Il me demanda ce que je faisais, et je le lui dis. Je me branle, je branle ma bite. Il finit par se jeter sur le lit malgré mon interdiction, et s'affala sur moi. Dans un mouvement désordonné, il tenta de saisir mon sexe, me força la main pour me donner le sien qui était dur et se cognait violemment contre mes fesses. Je jouai un instant avec ce désir emballé, lui répétant que non, non je ne voulais pas de lui… Dans un effort violent, je me retournai. Il m'écrasait maintenant de tout son poids, je sentais son sexe battre contre mon ventre, sa bouche chercher ma bouche en disant «petit salaud, non, tu vas voir, tu vas voir. Je ne me laisse pas faire moi, donne-moi, donne-moi». Je finis par glisser sur le côté, je redevins calme et soumis. Il empoigna mon sexe à pleines mains, le branlant à toute force en me disant «enfin, tu comprends, hein, tu comprends! Tu vas voir, je suis dur comme un âne, comme un âne». Je tendis mon bras sur le côté du lit. Je saisis la lourde lampe de chevet par son pied en étain et la fis tournoyer dans le noir le plus vite que je pus. Il hurla, puis tituba pour aller allumer la lumière en se tenant l'œil. Il avait l'arcade sourcilière ouverte et pleurait, assis, nu et pathétique, sur le rebord du lit qui se couvrait de sang. Il avait un peu débandé et son sexe pendait tristement entre ses jambes.

J'eus de la peine de le voir pleurer ainsi à gros sanglots. Je ne m'imaginais pas qu'il pouvait pleurer. Mais je compris presque tout de suite que la douleur n'y était pour rien.

Qu'il pleurait à cause de mon geste. Il se tourna vers moi et me dit entre deux hoquets qu'il m'aimait. Oui, qu'il m'aimait ! Je n'y avais jamais pensé ! Je n'avais jamais imaginé qu'il pût y avoir de l'amour dans cette relation. Seulement du désir, ce désir avec lequel je venais de jouer. Et de toute façon, je m'en moquais ! Oui, je m'en moquais tellement, s'il savait ! Je n'avais aucun sentiment pour lui, pas même de la haine. J'étais vide. Vidé par toutes ces années de peur, de cadeaux, de voyages, de mensonges et de douleur. Au fond, je l'aimais moi aussi. Je l'aimais bien et il me faisait de la peine. Il avait cet air sincère et malheureux d'un amant éconduit.

Il y avait cependant un enseignement très important pour moi dans ce geste que je venais d'avoir. Dans ces pleurs et dans ce scénario sinistre que je lui avais joué. Je venais enfin de comprendre que j'avais un immense pouvoir. Que je le tenais par le bout de la bite, comme la petite pute que j'étais. *(Oui, une sale petite pute.)*

J'ai toujours su que je me prostituais. Pour rien. Pour un *Mickey Parade* et une soirée télé, une religieuse au chocolat et des fraises Haribo, un tour en voiture ou une séance de cinéma avec sa glace à la vanille. Peut-être aussi parce que tout simplement, Didier était infiniment gentil avec moi. Infiniment attentionné.

Un jour, il m'emmena voir un film de Truffaut qui s'appelait *L'Argent de poche*. L'histoire du petit Julien Leclou. Je me souviens qu'il me ressemblait, ce Leclou, avec ses cheveux longs. Il avait à peu près mon âge et je fus profondément ému. On découvrait, à la fin du film, qu'il vivait dans une famille atroce, une famille de pauvres gens alcooliques, qui le malmenait. Mais il faisait comme si de rien n'était et ne disait rien à l'école, ni à ses copains. Le film était assez insouciant et léger, mais il y avait ce mystère Leclou qui planait sur toute cette insouciance et sur les parties de billes dans la cour de l'école. Tout se terminait bien pour lui : il était confié à une autre famille et on pouvait penser qu'il serait enfin heureux. En conclusion, la voix off, celle de Truffaut, disait que les enfants ne parlent jamais, que les enfants ne disent jamais rien parce qu'ils se sentent toujours coupables de ce qui leur arrive. Je compris confusément ce qu'il voulait dire et remontai à la Montagne avec Didier, le cœur gros et à nouveau seul dans la voiture orange.

C'est vrai que je ne pouvais pas parler, je n'y avais même jamais pensé tellement tout cela était de ma faute, tellement j'étais compromis et depuis si longtemps. Et puis, au fond, je l'aimais bien, Didier. Depuis plusieurs années, je m'étais habitué à lui. *(A sa présence, à ses cadeaux et à son amour des enfants.)*

5

J'étais amoureux fou d'Agnès. Les vacances chez mes grands-parents étaient revenues et avec elles, nos cavalcades dans les champs de blé de la Normandie. La Normandie comme un missel ouvert sous le ciel fort et brillant. L'herbe des pâturages était drue et les animaux pacifiques paissaient en nous regardant courir et sauter les barrières de leurs enclos. Agnès était la fille du garagiste et de l'institutrice du village. Une petite blonde audacieuse, au visage fin et aux yeux verts qui chantait à tue-tête *La Maladie d'amour* de Michel Sardou. Elle avait deux petits seins naissants qui perçaient à travers ses T-shirts et que je rêvais de caresser. Chaque soir, nous écoutions, chacun chez nous, cachés sous les draps, le hit-parade d'Europe 1 en pensant l'un à l'autre. Et chaque après-midi, nous distancions les petits, et nous allions nous allonger dans le blé, cachés au milieu d'un champ. Je posais ma tête sur sa poitrine, mon cœur battait fort, et nous parlions des heures dans le soleil de juillet.

Agnès était la seule fille qui s'intéressât à moi, je lui disais tout de ma vie hormis celle avec Didier que je maquillais en disant qu'un de mes oncles me laissait conduire sa voiture. Pour elle, qui restait toute l'année au-dessus de son garage et plus tard dans l'école d'Yquebeuf, j'avais une vie de rêve. Pour moi, c'était elle qui l'avait. Longtemps, même après que je ne la vis plus, elle est restée la fille à qui j'ai eu envie de raconter mes expériences d'adolescent et mes dérives de jeune adulte. Mon premier amour. Et cela me rassurait que ce premier amour soit une fille.

Un soir, je voulus dormir sous une tente dans son jardin. Sa mère m'y autorisa. Le dîner terminé, Agnès et moi nous retirâmes sous la toile et après des heures de discussion, nous finîmes par nous embrasser. Je veux dire, sur la bouche. C'était la première fois que j'embrassais une fille ainsi et je tremblais de tout mon corps. Je caressais ses petits seins et ma tête tournait. Nos dents s'entrecho-quaient, nos langues s'emmêlaient. Je ne pen-sais plus à rien, j'étais tout entier dans ces lèvres qui s'ouvraient et se cherchaient. Tout entier dans ses cheveux blonds qui nous entraient dans la bouche et qu'elle dégageait pour pouvoir m'embrasser à nouveau. Je pen-sais que si la vie avait un sens, il devait avoir ce goût-là. *(Le goût d'une fille de mon âge, le goût d'un amour infini et réciproque.)*

Ma grand-mère pleurait avec moi. Nous étions effondrés sur les chaises de la cuisine et les larmes me ruisselaient jusque dans le cou. C'était la fin juillet et mes autres grands-parents étaient passés nous chercher mon frère et moi, pour nous emmener en Bretagne. Je ne sais plus pourquoi, sans doute à cause de mon chien, je n'avais pas voulu repartir avec eux. Les grands-parents s'étaient alors violemment disputés, des mots avaient fusé, mon père était coupable de ce divorce désastreux, ils ne l'avaient pas assez bien élevé, on avait toujours su que ça se terminerait comme ça… Je n'avais pas cédé, j'avais fini par les interrompre en pleurant, et ils étaient repartis seuls avec mon petit frère.

Une semaine plus tard, les pressions s'étaient faites plus fortes et mes parents avaient arrangé la chose. Je rejoindrais mes grands-parents en Bretagne à bord d'un petit avion et on oublierait tout ça. Mais, au bord de la mer, l'ambiance était pesante. Pour échapper au huis-clos de la maison, je passais des heures en haut des dunes dans une houle de sable, sur ce barrage devant la mer. Sous le ciel, prêt à craquer de nuages sombres, le vent sifflait dans le gris infiniment de tous côtés, et les vagues impérieuses claquaient contre les rochers de granit comme si elles voulaient les détruire. La mer, à mes pieds, était épaisse et pleine comme une huître. Je gonflais ma poitrine le plus fort que je pouvais et l'emplissais d'un air violent jusqu'à ce qu'elle explose. Puis je roulais de haut en bas des monticules de sable, jusqu'à m'étourdir et à me faire mal dans les racines des pins. J'aurais voulu avoir des amis ici, parler à quelqu'un, mais je ne connaissais personne qui pouvait jouer le rôle d'Agnès.

Mes grands-parents étaient charmants, surtout après cette dispute, mais ils me demandaient chaque jour d'envoyer une carte à Didier, ce garçon qui était tellement gentil avec nous, ce garçon qui allait venir nous chercher jusqu'ici, en Bretagne, pour nous offrir une semaine de camping en Vendée, cet homme qui s'occupait tellement bien de nous… Je me demandais quelle image ils se faisaient de Didier. Comment ils le voyaient ? Comme le futur mari de ma mère ? Comme un ami dévoué qui avait pris ses enfants en amitié et voulait les sauver d'un divorce calamiteux ? En tout cas, je ne voulais pas lui envoyer de lettre. Non, lui envoyer une carte ou un quelconque signe, c'était au-dessus de mes forces. Déjà, il allait venir, c'était bien assez pour moi.

Sauf qu'un jour je me disputai avec mon grand-père. Toujours à propos de mes parents, à cause d'une de ses réflexions sur mon père que je défendais. La dispute devint violente. Je partis m'enfermer dans ma chambre et, ne sachant à qui m'adresser, j'écrivis une lettre à Didier. Je lui disais qu'il fallait qu'il vienne me chercher le plus vite possible, que mon grand-père critiquait mon père et que je n'en pouvais plus, que j'étais mal avec eux.

C'était comme une vengeance. Ils ne savaient pas, ils étaient aveugles, eh bien, je me jetterais dans la gueule du loup. Didier, ce garçon si gentil viendrait. Et il me ferait ce qu'il voudrait sous une tente, en Vendée. Mes grands-parents, ces ânes aveugles, seraient bien punis de tout ce qui m'arriverait. Tout le monde serait puni. Du moins, c'est comme ça que je l'entendais. Mon grand-père a trouvé cette lettre cachée sous mon oreiller, il l'a violemment chiffonnée, l'a piétinée et m'a donné une des gifles les plus cuisantes de ma vie. Puis il m'a m'obligé à en écrire une autre, une lettre gentille et anodine qui commençait par « Cher Didier, ici tout se passe bien... », et se terminait par « Je t'attends avec impatience... » (*« Avec impatience... » J'étais comme un train sous l'océan, un hanneton retourné qui tourne au sol comme une toupie.*)

Comme d'habitude, Didier bluffa tout le monde avec sa bonne humeur. Dès le lendemain de son arrivée, il nous prit, mon frère et moi, sous le bras et nous emmena en Vendée, à Croix-de-Vie. Exactement là où nous allions passer nos vacances avec nos parents lorsque nous étions petits et que tout allait bien. Ça faisait drôle de revenir ici dans ces conditions. Dans le camping, face à la mer et sous des pins centenaires, j'avais l'impression qu'il y avait un monde qui me séparait désormais de ces deux époques. *(Un monde de silence et d'adultes muets.)*

6

Pour obtenir ce que je voulais, je dus faucher le champ au-dessus de la maison de Tonbas. Didier m'avait promis en échange une carabine à plombs que maman me refusait obstinément. C'étaient les vacances de Pâques et au début, je crus que ç'allait être une corvée qui gâcherait mes journées. La faux était immense, le champ était en pente, c'était un travail plus dur que je ne le pensais. Au-dessus de moi, le ciel bleu était immense et puissant. Je transpirais à grosses gouttes, je plantais la faux dans la terre presque à chaque fois, mais j'avais l'impression d'accomplir un geste que des milliers de gens avaient fait avant moi. Pendant ce temps, pendant tous ces jours où je fauchais et rentrais exténué, Didier me laissa tranquille, j'étais seul dans le soleil, dans la chaleur et l'éternité de la terre. Ce fut un

moment de joie et de liberté. Le vent me frô-
lait doucement et je jouais à être un colon du
Nouveau Monde qui défriche son champ
pour nourrir sa famille. Tout le jour, l'herbe
m'arrivait au-dessus du genou et tombait sous
la lame en crissant, les oiseaux piaillaient et
s'envolaient en sifflant d'étranges mélodies.
(J'étais mieux ici que partout ailleurs.)

Je mis en joue un oiseau. Il venait de se poser sur la branche d'un pin gigantesque et je le tenais enfin dans la ligne de mire. Ça faisait des heures que j'étais Dan le trappeur et que je traquais ces petites bêtes dans la forêt qui surplombait la maison de Didier. Mon sang bouillait, j'avais une toque en fourrure sur la tête qui me tenait chaud et j'étais excité. J'appuyai sur la détente et, cette fois, je le vis tomber. Ça y était. Je poussai un cri de victoire : je venais d'en avoir un. Je courus et découvris le petit animal sur un bout de rocher. Il ne bougeait plus. Il était mort, gris et sans joie. Je le ramassai, le pris dans ma main. Il était encore chaud. Et puis je me mis à pleurer, à pleurer à grosses larmes silencieuses. Je venais de tuer quelque chose de beau, je venais de prendre la vie d'un petit animal qui ne m'avait rien fait. Un petit animal qui ne demandait qu'à voler au-dessus de ma tête et à chanter tant que le soleil brillerait. Je venais de tuer un innocent, qui un instant plus tôt ne se doutait de rien. Qui avait peut-être une famille, des frères, des sœurs, en tout cas, qui avait une mère qui l'aimait et le chérissait. Et pourquoi avais-je fait ça ? Je ne savais pas. Et cette petite victime non plus. Je lui creusai une tombe dans le jardin, et plantai au-dessus une croix de brindilles. Je me sentis alors incroyablement proche de ce petit mort, ce mort pour rien. Pour une raison que je ne connaissais pas.

Je décidai de ranger ma carabine dans le garage et de ne plus jamais y toucher. Je n'avais plus rien à tuer, j'étais seulement Dan le trappeur qui pleurait. *(Qui pleurait un oiseau... Un petit oiseau libre qui ne pesait pas du tout dans le ciel bleu.)*

Didier allait habiter chez nous. Tonbas vendait sa maison et il devait déménager. Après quelques semaines d'hésitations et de pourparlers, Didier débarqua dans un petit studio que ma mère avait fait aménager, pour le louer, sur notre palier, presque dans notre appartement. Il y avait, sur ce même palier, une porte qui donnait directement dans ma chambre. J'étais à la fois triste et soulagé que notre vie à la Montagne s'arrête. Chaque soir, il était là, dînant à notre table avec les amis de maman. Il était très drôle et les faisait rire avec ses histoires. Tout le monde voulait, je crois, qu'il fasse l'amour avec Anne Dubosc depuis qu'elle s'était séparée de Christian. Mais je comprenais bien, à mon grand soulagement, qu'Anne ne le voulait pas. Anne et ses seins beaux et pointus comme des oiseaux de proie était toujours amoureuse de Christian. Christian qui était parti avec une autre fille, beaucoup moins belle.

Je voyais Didier parfois dès la sortie de l'école où il venait me chercher et me protégeait des imbéciles qui me cherchaient pour me casser la figure. Bizarrement, cette proximité dans la chambre d'à côté avait mis fin à nos relations. A part quelques attouchements, il ne me faisait plus grand-chose. Je ne me souviens pas que nous nous soyons couchés dans son grand lit à la maison, et nous ne passions plus de nuits ensemble. Il m'avait seulement sucé le zizi en se masturbant, agenouillé devant moi sur la moquette beige sur laquelle il avait éjaculé. *(Je n'avais même pas joui.)*

Didier m'acheta une maison. Oui, une petite maison de vigneron à la Montagne, audessus de celle de Dac. Il n'y avait qu'une pièce et un étage mais elle était jolie, toute en pierres scellées par du mortier. Il m'y conduisit la première fois en me disant, voilà, c'est à toi. Mais c'est aussi à toi de la remettre en état. Je n'en revenais pas. Une maison, une maison pour moi tout seul. C'était un trop joli cadeau et je savais qu'elle était plutôt pour nous deux.

La maison était à l'abandon et, tout autour, les broussailles avaient poussé. C'était une vraie forêt dense et sèche pleine de vipères qui descendait jusqu'à l'ancienne carrière de calcaire. Au premier étage, nous découvrîmes des revues pornographiques, jetées par terre. Je compris que des gens venaient ici pour se masturber. *(Ou pour s'enculer.)*

jetées par terre. Je compris que des gens venaient ici pour se masturber. *(Ou pour s'enculer.)*

J'avais montré les revues porno à mon ami Philippe. Didier les conservait dans son studio et j'allais les chercher quand nous rentrions de l'école. Nous bandions très fort en voyant toutes ces filles et ces types dans des poses acrobatiques qui me paraissaient naturelles mais difficiles à exécuter. J'appris ainsi la géographie féminine, ce vagin rose entouré de poils, qui était en réalité entre les jambes des femmes et dans lequel on entrait en passant par-dessous. Nous nous masturbions en épluchant ces journaux dans le salon, chez ma mère. Puis, dès que nous avions joui, je partais les replacer dans la bibliothèque de Didier.

Un jour, il débarqua à l'improviste, passa une tête dans le salon où j'avais mis de la musique pour que notre séance quotidienne soit plus gaie. Nous eûmes à peine le temps de remonter la braguette de nos pantalons qu'il était là, au milieu de la pièce. Les revues traînaient par terre, sur les coussins. Il eut un sourire et nous dit qu'il nous prenait sur le fait. « Hein ? bande de petits branleurs ? Qu'est-ce que vous faisiez ? Montrez-moi. Allez, montrez-moi comment vous faites… » Je dis « non » à cause de Philippe.

Didier se tourna vers Philippe en lui disant qu'il voulait bien lui donner une de ces revues, qu'il n'avait qu'à choisir. Philippe choisit celle qu'il voulait, la plus dégueulasse, la plus épaisse. Celle où il y avait le plus de photos. Didier prit la revue à couverture rouge et se plaça derrière mon ami en lui disant « ça t'excite, hein, ça t'excite ? ». Philippe dit que oui. Qu'il adorait voir des filles à poil.

J'étais dans un coin de la pièce et Didier me regardait en souriant et en me faisant des clins d'œil. A un moment, il tenta de glisser la main dans le pantalon de mon ami. Philippe se retourna et la retira violemment en disant « vire ta main de mon jean, vire ta main de mon jean tout de suite, espèce de dégueulasse ! ». Il avait l'air très en colère et ne voulait pas du tout qu'on le touche. Didier n'insista pas et après quelques blagues sur les petits branleurs que nous étions, il emporta les revues chez lui.

Je restai seul avec Philippe. Je l'admirais. Sous son air de garçon banal, il avait une force extraordinaire. Lui, il avait fait reculer Didier. Moi, je ne comprenais pas pourquoi je n'avais jamais dit « vire ta main de là, dégueulasse… ». *(Ni pourquoi je ne le dirais jamais.)*

Armé d'une machette, je défrichais. Je coupais les arbustes qui cernaient la petite maison, je taillais les branches de la petite forêt et me frayais un passage sous la végétation jusqu'à l'à-pic de la falaise. Là, je clouai entre deux arbres une grosse poutre que je peignis en rouge pour que personne ne tombe. C'était un endroit dangereux qui me plaisait. J'y fis une sorte de niche, une coiffe d'arbres où je venais m'allonger souvent en regardant la plaine de la Saône qui s'étendait sous moi, infinie jusqu'au Jura. J'étais au bout du chemin que j'avais moi-même tracé. J'étais torse nu et le soleil me brûlait, l'air lui-même me brûlait. Je pensais à Didier qui, plus haut, refaisait les joints entre les pierres de la petite maison. J'aurais voulu rester toujours là, dans ce nid de verdure qui dominait la ville et tout ce qui s'y passait.

Ici, je ne ressentais plus aucune passion, rien ne venait me troubler hormis le vent qui soufflait du fond de l'horizon. Le monde était un spectacle, enfin.

Spectacle de déguisements, spectacle d'acteurs et d'actrices sur scène, spectacle de mots et de paroles faites pour émouvoir, et mortes le soir même. Spectacle infini du travail et de l'illusion que les hommes se donnent à eux-mêmes pour continuer à vivre. Je voyais tout ça, toute cette agitation, du haut de ma falaise où, autrefois, les hommes chassaient les bêtes féroces en les faisant tomber là, dans ce piège ouvert.

J'étais heureux et seul malgré mes amis, seul dans le vent doux jusqu'à ce que la voix de Didier me rappelle et que je retourne, dans le soir qui venait, vers notre petite maison de pierre sèche. La terre, alors, remontait vers le soleil, l'écrasait, l'épousait, l'étreignait jusqu'à ce qu'il disparaisse et que nous repartions dans sa petite auto pour redescendre chez maman. *(Bientôt, nous aurions un nouveau toit, je le savais depuis toujours.)*

Une nuit, je me souviens, notre matelas brûla. Il y avait comme des éclairs rouges contre le toit en lambris de notre chambre. C'était une cigarette ou un joint mal éteint qui avait mis le feu à la mousse et qui la consumait lentement. Nous crûmes d'abord à un orage avant de sentir l'odeur et de voir la fumée envahir la pièce, là-haut, au premier étage de la petite maison. Nous éteignîmes en versant sur le feu le reste d'une bouteille de Coca et nous rîmes de notre méprise et de notre maladresse.

Didier avait investi les lieux, la petite maison à la Montagne était sa maison autant que la mienne. Il l'avait aménagée sommairement, avec une table, des chaises, des photophores et un évier bien qu'il n'y eût pas l'eau courante. J'avais, pour ma part, fini de défricher la broussaille et c'était un petit jardin sommaire qui entourait désormais les murs de pierre. J'y montais le plus souvent avec lui, parce que la côte était difficile à vélo. Nous passions nos soirées à faire des feux dans la cheminée, à rôtir des viandes et à faire cuire des légumes. Puis nous jouions aux cartes, aux échecs ou au Monopoly et parlions longuement avant de nous coucher. *(Ce soir-là, nous aurions dû mourir, et je crois l'avoir souhaité un instant.)*

7

Un jour, j'eus quatorze ans et il m'offrit une mobylette. La condition, je me souviens, était que je ne me ronge plus les ongles. Je pus ainsi aller dîner seul dans la petite maison. J'y passais des soirées entières, à écrire à la lumière des bougies qui faisaient vibrer les murs de pierre nue. J'écoutais l'ombre au-dehors et ne distinguais que des bruits sauvages. Je lisais beaucoup de science-fiction et j'écrivais des nouvelles fantastiques qui me faisaient peur à moi-même. Il y avait des spectres et des gens qui dansaient après leur enterrement, des maisons hantées et des jardins malades. Depuis quelques années, depuis que j'avais rencontré Didier, la mort ne me laissait pas tranquille.

Il m'aimait

Lentement, je me préparais une adolescence pleine de suicides.

Un soir, j'eus peur en entendant frapper des coups sourds à la porte, il y avait eu des pas dans l'herbe, des bruits dans les broussailles, puis des pierres bougées sur le petit mur qui ceignait la maison. Mais c'était lui, lui qui venait coucher avec moi, et au milieu de tous mes fantômes, j'en fus soulagé. *(Oui, soulagé! C'est dingue.)*

« D'accord, j'ai douze ans, mais au lit, c'est boum boum ! Au lit c'est OK, tu vas voir. » C'était une petite fille très brune, les cheveux coupés au bol, qui disait ça à la caméra en souriant. Cela se passait aux Philippines, ça s'appelait *Les trottoirs de Manille*. On parla beaucoup à cette époque de ce premier documentaire sur le tourisme sexuel. Il racontait la vie d'enfants des faubourgs pauvres de Manille qui se prostituaient à de riches Occidentaux pour des sommes dérisoires. Des enfants qui, dans la journée sniffaient de la colle dans des sacs plastiques, et le soir tentaient de trouver une chambre d'hôtel et un étranger pour dormir à l'abri et gagner quelques dollars.

Didier me dit qu'il trouvait ça ignoble, oui ignoble, et qu'il allait avec une association, intenter un procès au réalisateur, parce que ça ne se passait pas du tout comme ça dans la réalité. Non, les enfants n'étaient pas forcés d'aller avec des étrangers. Pas du tout, ils venaient de leur propre gré, disait-il. Ils n'avaient pas la même conception judéo-chrétienne du sexe, là-bas.

Il était en colère.

Je compris qu'il était allé aux Philippines pendant ces vacances où j'étais, moi, en Normandie. Je compris surtout qu'il avait des amis qui lui ressemblaient. Je le vis soudain entouré d'un réseau infini d'adultes qui aimaient eux aussi les enfants et qui pouvaient s'offusquer publiquement qu'on diffuse un tel documentaire. Au point de faire un procès, une pétition. Aujourd'hui, ces gens-là se terrent et se taisent. Mais à l'époque, leurs griefs étaient publics et ils semblaient puissants. Je vis confusément des dizaines de Didier, des centaines d'hommes dans le monde entier, qui trouvaient normal de coucher avec des enfants. Et d'autres qui les écoutaient en se disant que, peut-être, ils avaient raison. Que l'amour ne devait pas avoir de barrières. Qu'il devait être libre. Qu'un adulte et un enfant, c'était beau.

Je me sentis soudain très seul. Sans personne à qui parler et j'entendais cette petite fille répéter de l'autre côté de la planète, en souriant : «Au lit, c'est boum boum!» *(Les repères s'enfuient. Le monde des adultes est une conspiration de gens déguisés en amis de ma mère, pour que je reste là, indéfiniment entre ses bras.)*

8

J'avais des poils maintenant, et un peu de sperme coulait quand je me masturbais. J'étais grand et pourtant, je ne disais toujours rien. Je continuais à aller dans la petite maison, les imbéciles dans la cour de récréation ne me lâchaient toujours pas. J'avais seulement plus d'amis. En grandissant, on finit par rencontrer des gens qui vous ressemblent un peu. Nous faisions des courses à mobylette dans les rues de Beaune la nuit, nous écoutions Led Zeppelin et nous nous habillions de cuir et de peaux. J'avais un sublime manteau afghan, entièrement brodé, que Didier m'avait acheté aux puces de Clignancourt, un jean serré et des boots orange à hauts talons. Mon désir le plus ardent était de ressembler à Jimmy Page sur la pochette du Led Zep II.

Le soir après les cours, j'allais chez les sœurs Capellin, rue des Tonneliers. Au début, nous achetions seulement un goûter, des gâteaux que nous mangions ensemble. Et puis, je ne sais comment c'est venu, mais un jour, dans leur chambre, allongées sur leurs lits, elles enlevèrent leurs jupes, puis leurs culottes, et se masturbèrent de concert devant moi les jambes grand écartées en riant. A leur invite, j'approchai mon visage aussi près que possible de leurs sexes ouverts mais sans les toucher, comme si nous jouions encore au docteur et que je les examine. Oui, c'était ça, comme si nous jouions. Elles me disaient « tu vois, là, ce sont les grandes lèvres, et là c'est le clitoris, c'est très fragile le clitoris, touche, touche-le doucement… ». Elles me prirent alors la main pour me guider et m'apprirent, geste par geste, comment caresser une fille. Quand ce fut mon tour, je posai leurs mains sur ma bite et je leur appris à me branler jusqu'à ce que j'éjacule les quelques gouttes que j'avais. Nous recommençâmes le lendemain et les jours suivants. C'était notre initiation sexuelle d'après cours, vécue comme un jeu peu sérieux. Si peu sérieux qu'il n'était pas du tout question de sexe entre nous.

J'étais simplement passé des séances de masturbation entre garçons à celles entre filles. Et tout cela m'excitait horriblement.

C'est chez elles que je rencontrai une fille qui s'appelait Anne-Claude, une amie des sœurs Capellin qui était dans un autre collège, une jolie rousse aux cheveux abondants, à la peau blanche et aux yeux verts. Elle se joignit à nous, mais je ne fis jamais que la masturber et l'embrasser sur la bouche pendant nos séances après l'école. J'avais l'impression que ma vie était bouleversée, que je venais d'opérer une révolution complète en découvrant le sexe des filles. Durant toute cette période, je ne ressentis aucune des sensations de bonheur fou que j'avais lorsque j'étais avec Agnès dans un vaste champ de blé et que je l'effleurais à peine. C'était simplement différent, une histoire clinique, la découverte d'une terre inconnue, du sexe des filles.

Il m'aimait

Je ne sais pourquoi, je continuais quand même à voir Didier. Je continuais à être enterré là, dans ce secret, comme si l'enfance me liait à lui pour toujours. Je le voyais à la Montagne dans notre petite maison, et puis chez moi, dans son studio. *(Je ne disais rien, je pensais à Anne-Claude, à Agnès, et il me faisait ce qu'il voulait.)*

Au début, je ne l'avais pas remarquée. C'était une fille comme les autres, elle était dans ma classe, et s'appelait Nathalie. J'étais trop occupé par Didier, Anne-Claude et les sœurs Capellin pour faire attention à quiconque. Au deuxième trimestre, elle avait changé sans que je m'en aperçoive. Elle s'était mise à s'habiller différemment.

Une après-midi, en récréation, alors que les types des classes de transition tentaient de me coincer dans un coin de la cour, elle s'était interposée. Elle leur avait dit que je n'étais pas un pédé puisque je sortais avec elle. Ils furent surpris et je fus étonné de ce mensonge qui me sauvait, de cet intérêt qu'elle me portait soudain. Qu'est-ce que ça pouvait lui faire que je me fasse casser la gueule par ces brutes ?

Il m'aimait

La plupart du temps, personne ne réagissait, tout le monde avait peur.

En classe, je lui souris pour la remercier, je vis qu'elle était jolie. Puis, à l'intercours, je m'approchai d'elle et osai lui parler. Elle était habillée un peu comme moi, dans une espèce de tenue hippie mal ajustée, avec un grand foulard multicolore qui lui tombait jusqu'aux pieds. C'était une fille différente de toutes celles que je connaissais, pleine d'énergie et d'invention.

Contrairement aux autres, elle semblait aimer le monde dans lequel je vivais et mes cheveux longs, teints au henné, ne paraissaient pas la déranger. Je m'aperçus qu'elle écoutait la même musique que moi, qu'elle avait lu les mêmes livres et que son visage ressemblait à une chanson envolée de Jefferson Airplane, à la voix aérienne et fragile de Grace Slick chantant *Have you seen the saucers?* *(C'était ça, elle venait d'ailleurs, elle était une soucoupe volante.)*

La mère de Nathalie était aussi jolie qu'elle. Elle s'appelait Francine, comme la farine, et avait de longs cheveux noirs tirés en arrière. Elle s'habillait court et décolletée. Son mari n'était jamais là, il était en Champagne où il vendait du vin. Elle m'avait adopté tout de suite en disant à Nathalie que j'avais de beaux yeux et que si je n'avais pas eu seulement quinze ans, je lui aurais bien plu. J'étais flatté et Nathalie jalouse. Je la regardais dans les yeux autant que je le pouvais, je tentais d'éviter ses seins et les fossettes de ses petites fesses moulées dans des shorts en jean effilochés et coupés le plus haut possible.

La belle Francine ne voulait surtout pas que je couche avec sa fille et en apparence semblait parfaitement inconsciente de l'effet qu'elle produisait sur moi, se promenant dans la maison dans des tenues aussi légères et amples que transparentes. Qu'elle se baisse ou croise les jambes, je voyais tout d'elle et elle semblait s'en moquer. Ou peut-être s'en amuser. Au bout d'un mois, j'étais aussi fou d'elle que de Nathalie.

Cela faisait maintenant plusieurs semaines que je sortais avec sa fille et que parfois, je dormais avec elle, dans sa chambre de jeune fille. Officiellement, je couchais sur un lit de camp dressé à côté de celui de Nathalie. En réalité, j'étais avec elle, dans ses draps. J'avais l'impression d'avoir une autre famille qui me protégeait et qui m'aimait.

Nathalie était la plus jolie fille du monde et m'embrassait tout le jour, toute la nuit. J'étais fou amoureux mais je n'osais pas la toucher. Le soir, je sentais ses deux jambes se serrer sur la mienne et son sexe glisser sur ma cuisse jusqu'à la mouiller entièrement dans de longs va-et-vient. Elle caressait doucement mon sexe, je caressais ses seins lourds, ses seins bruns et vivants. Je bandais plus fort que je n'avais jamais bandé de toute ma vie. J'en tremblais des pieds à la tête et l'embrassais à me décrocher la mâchoire. Ces nuits-là, nous nous frottions l'un contre l'autre jusqu'à jouir plusieurs fois de suite, jusqu'à tomber épuisés de fatigue au petit matin, une heure avant de nous lever pour aller en cours.

Nathalie était un éblouissement dans lequel je perdais toute notion du temps, de la fatigue et de ce qui me retenait là, sur terre. Ni le passé, ni le futur n'existaient plus, son corps était ma maison, elle était ma demeure. *(Ma seule et ultime demeure.)*

Je pris un couteau de cuisine et menaçai Didier. Il était devant moi, les bras écartés et criait « non, tu ne t'en iras pas, non, tu ne partiras pas, tu resteras avec moi… ». Nous étions dans le jardin de lilas, juste devant la petite maison à la Montagne. Il avait les larmes aux yeux, il était rouge et suffoquait.

Dix fois, j'avais tenté de passer par la petite porte qui s'ouvrait dans le muret d'enceinte pour remonter sur ma mobylette, dix fois, il m'avait attrapé et rejeté violemment à terre dans le jardin. J'avais mal partout, cette lutte ne menait à rien. Je voulais m'échapper, j'étais un cheval emballé.

Alors j'avais couru derrière moi, pour prendre un couteau dans la cuisine et je le menaçais, la pointe tendue vers lui. Il ne semblait pas avoir peur et criait « vas-y, tue-moi, vas-y mais tu ne t'en iras pas, il faut que tu restes un peu, il faut qu'on parle encore… ». Mais nous venions déjà de parler des heures. Tout l'après-midi. Il était tard, et je devais rejoindre Nathalie chez sa mère où elle m'attendait pour sortir. J'avais expliqué à Didier que je ne voulais plus le voir, que c'était fini. Qu'il ne devait plus venir dans ma chambre chez maman, que tout, mais tout, était fini entre nous. Non, il ne me dégoûtait pas… bien sûr que je l'aimais encore… mais c'était terminé, je ne savais pas pourquoi, il fallait bien que les choses se terminent un jour, et ce jour était venu. Je ne voulais plus le voir ici, ou alors c'était moi qui ne viendrais plus. Je ne voulais plus le voir tout court. Non, ce n'était pas une décision longuement réfléchie, c'était venu comme ça, juste comme ça.

C'était la fin, Didier, la fin. Il ne voulait pas comprendre et je donnais des coups de couteau dans le vide, devant moi au hasard. Je ne voulais pas le tuer, non, juste qu'il disparaisse. Je taillais l'air comme si j'avais voulu couper une ombre qui se serait ensuite disloquée et évanouie sous la lame. Il pleurait encore, il semblait n'en avoir rien à faire et s'avançait vers la lame. Si tu t'avances encore, je te tue, je te jure que je te tue. Je lançai le couteau à toute force devant moi, les yeux exorbités. Il alla se ficher loin derrière lui, dans la terre rouge des vignes. J'aurais voulu qu'il disparaisse. Qu'il ne soit jamais venu. Il me répétait qu'il m'aimait, oui, qu'il m'aimait, et je lui disais que moi aussi je l'aimais mais que c'était fini. Fini pour de bon cette fois, j'avais grandi, je n'étais plus le même.

Je forçai le passage à coups de poing, il me griffa en voulant me plaquer contre lui, il me frappa, me prit par les cheveux en me retournant la tête. Il voulut m'embrasser, je l'évitai, son nez saignait et il pleurait en me regardant. Il me serrait si fort dans ses bras que j'étouffais, j'étouffais.

Je le vis au-dessus de moi et lui crachai au visage. Il abandonna la lutte et me laissa passer… oui, il me laissa courir hors de lui, loin, là-bas dans le chemin qui menait ailleurs.

Je démarrai ma mobylette et, dans le soir qui tombait, et dans l'adieu du soleil, je hurlai, je hurlai comme un chien traqué et longtemps mon cri retentit dans l'écho multiple des pins et des vies que j'avais vécues avec lui. Toutes ces vies, depuis cette nuit de Verdun-sur-le-Doubs, depuis cet appartement sans nom dans l'ombre de la ville où j'allais les poings serrés, depuis cette première maison à la Montagne, et le kayak sur le Verdon, et les balades à Paris. Toutes ces vies étranges qui pendaient maintenant derrière moi imprégnées de poison comme de vieux torchons de sorcière.

Je regardai sous moi et je vis que j'étais devenu grand, si grand. Mon enfance était vite passée, passée comme du sable entre ses doigts, ses longs doigts d'adulte, sans que je m'en aperçoive. Aujourd'hui j'étais quelqu'un d'autre et j'avais enfin la force de faire ce que je voulais, ou presque. J'avais enfin la force de m'échapper et de l'affronter.

J'avais volé dans la malle de la petite maison ces photos de moi, ces photos de nu qu'il avait prises avec ce livre qui cachait mon sexe, ces *Histoires à faire peur*, ces histoires à ne pas dormir la nuit. Il y avait des clichés très beaux et d'autres très explicites, avec mon petit sexe imberbe entre mes jambes au premier plan. Je les serrais sous mon blouson en jean comme un témoignage de ce qu'il m'avait fait, de ce que j'avais subi. Ce n'est que beaucoup plus tard que je pensai que je pouvais les utiliser contre lui. Oui, beaucoup plus tard que je me dis qu'un jour je les ferais circuler en son nom à lui. Qu'un jour, tout le monde saurait et il serait pris pour ce qu'il était vraiment, un adulte, avec toute son autorité et sa grosse bite, qui abusait des enfants. Oui, je me vengerais grâce à ces photos comme autant de preuves de sa perversité et des juges l'enverraient peut-être en prison. En tout cas, là où il n'y avait pas d'enfants. Mais où n'y avait-il pas d'enfants ?

Il m'aimait

Je ne parlais toujours pas, Didier m'avait bâillonné, lié pour longtemps encore. Il m'avait bâti une vie pleine de violence et d'autodestruction. Un monde sans nom, un monde sans parole, comme est toujours le monde après ça. *(Didier, sombre semeur. Obscur, oui, obscur silence qui ne me laissera plus jamais calme.)*

Sur le chemin de pierre qui redescendait vers Beaune, l'air impérieux fouettait mon visage, il faisait danser mes cheveux aussi vite qu'il le pouvait comme un mouchoir d'au revoir à la portière d'un train. Je me sentais soudain incroyablement neuf. Ma petite mobylette me conduisait dans un monde nouveau où j'avais trouvé une autre énergie, une énergie inconnue qui me libérerait pour un temps. Un monde sans peur qu'illuminait la lumière intense de Nathalie, ce foyer chaud et doux où désormais, je voulais y croire, rien ne m'arriverait plus que du bonheur.

9

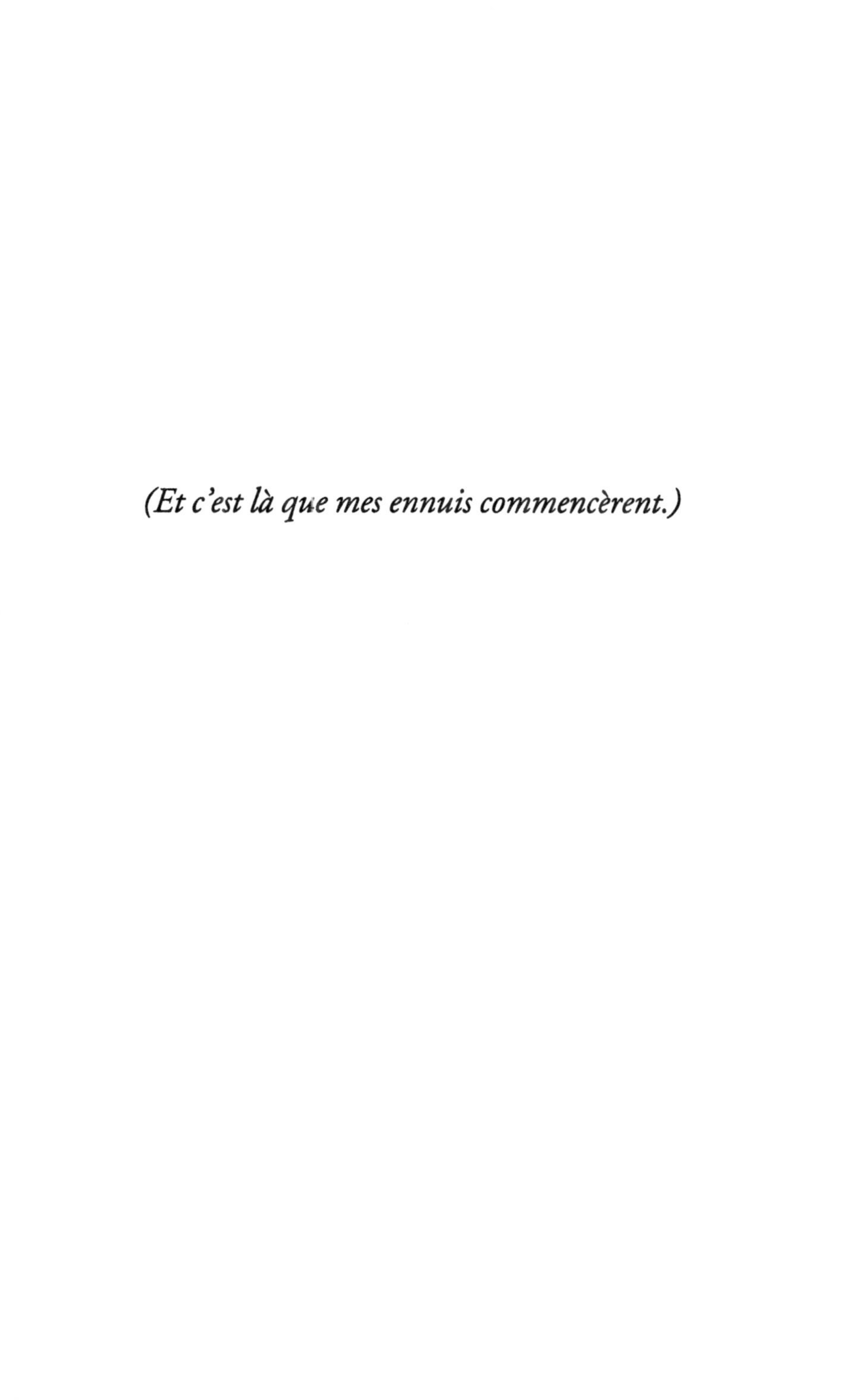

(Et c'est là que mes ennuis commencèrent.)